KB082830

홍화의 일기

쑥쑥 기초문법을 위한

중국어 일기 1

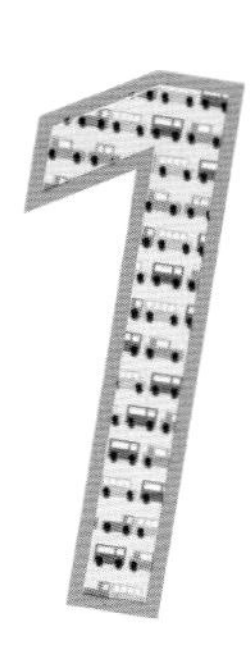

외국어를 잘하는 방법은 많이 듣고, 많이 읽고, 많이 말하고, 많이 써보는 것입니다.

그래서 매일 일기를 쓰는 것은 작문 능력을 기르는 데 큰 도움이 됩니다.

「홍화의 일기」는 구어체 표현을 위주로 우리 실생활에서 접할 수 있는 내용을 담고 있습니다.

우선 본문을 큰 소리로 읽고 그 내용을 해석해 보세요.

그리고 주요 표현을 확실히 익히세요.

외운 단어와 표현을 사용하여 한국어에 맞게 중국어 작문을 해 보세요.

작문을 할 때는 한국어에 중국어를 끼워 맞추기 보다는 중국어 표현을 외워서 사용하는 것이 훨씬 효과적입니다.

외국어 공부에서 가장 어려운 부분이 바로 작문입니다. 단어나 문법에 얽매이다 보면 문장이 자연스럽지 못해지기 때문이죠.

그렇기 때문에 간단한 문장을 외워서 활용하는 능력이 가장 중요합니다.

중국어 초급 학습자들이 작문 기초를 다지는 데 이 책이 도움이 될 수 있기를 바랍니다.

끝으로 이 책이 나올 수 있기까지 도움을 주신 제이플러스 이기선 실장님과 편집부 식구들, 차이나박스 박미경 팀장님께 감사드립니다.

저자 씀

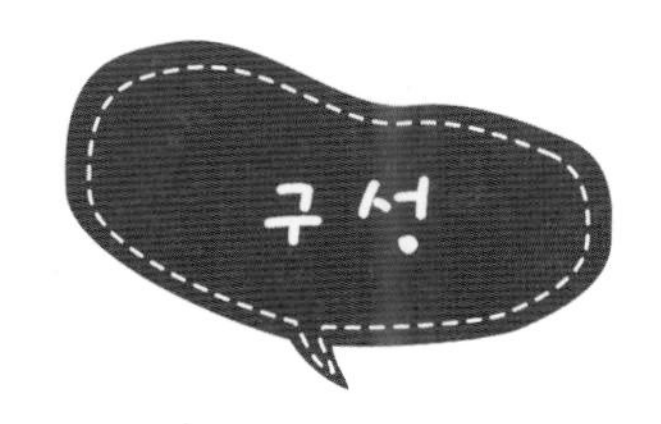

01 본문

본 문

우리가 흔히 접할 수 있는 일상 생활이나 학교 생활 등의 경험을 짧고 간략한 문장으로 구성하였습니다.

본문을 해석해 보세요.

해 석

기초 단계에서부터 중국어를 꼼꼼하게 해석하는 습관을 키울 수 있도록 해석하기 파트를 구성하였습니다.

새로 나온 단어

단 어

여러 가지 뜻과 품사를 가지고 있는 단어는 본문에서 의미하는 뜻과 품사만 실었습니다. 여러 문장들을 통해 같은 단어라도 문맥에 따라 뜻과 품사가 어떻게 달라지는지 익힐 수 있도록 구성하였습니다.

어 법

어법을 이해하기 쉽도록 간략한 설명을 덧붙였고, 다양하게 활용할 수 있도록 본문에서 쓰인 문장 외의 여러 예문으로 구성하였습니다.

연습문제

문 제

중국어는 한국어로, 한국어는 중국어로 옮기는 간단한 단어 테스트와 본문의 내용을 중작하는 파트입니다. 배운 단어나 어법을 다시 한번 다지고, 문장 구조를 자연스레 익히는 것을 목적으로 구성하였습니다.

名 명사 代 대명사 量 양사 形 형용사 动 동사 助动 조동사(능원동사라고도 함)
副 부사 连 접속사(관련사라고도 함) 助 조사 介 개사 固有名 고유명사

순서

1 날짜쓰기

연도, 월, 일의 순서로 씁니다.

2007年 → 12月 → 25日

2 요일쓰기

星期一	星期二	星期三	星期四	星期五	星期六	星期天 星期日
월요일	화요일	수요일	목요일	금요일	토요일	일요일

3 날씨쓰기

Tip 날씨의 변화를 나타낼 때는 '转' 을 씁니다.
예) 흐린 뒤 맑음 – 阴转晴

홍화의 중국어일기

홍화와 함께 중국어 기초문법을
확실히 다져요~!

01 我爱我家

2月26日 星期一 晴

我家一共有五口人，

有爸爸、妈妈、哥哥、姐姐和我。

我和哥哥天天吵架，

但是我真爱我的家人。

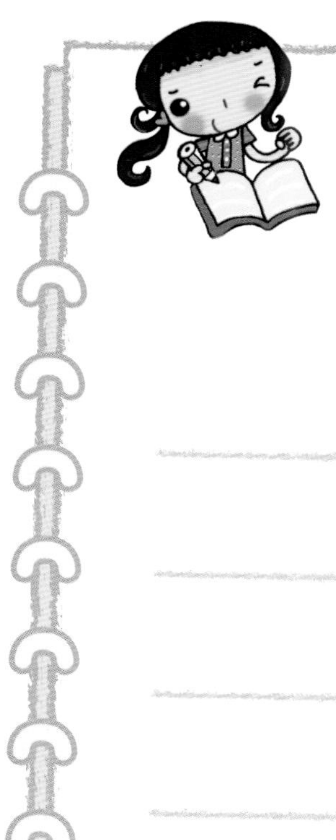

본문을 해석해 보세요.

새로 나온 단어

- 一共 yígòng 副 모두
- 口 kǒu 量 명(가족 수를 세는 양사)
- 爸爸 bàba 名 아빠
- 妈妈 māma 名 엄마
- 哥哥 gēge 名 오빠, 형
- 姐姐 jiějie 名 언니, 누나
- 和 hé 连 ~와(과)
- 天天 tiāntiān 名 매일
- 吵架 chǎojià 动 (말로)싸우다
  ※ 때리며 싸우는 것은 打架 dǎjià라고 씀.
- 但是 dànshì 连 그러나
- 真 zhēn 副 정말, 아주
- 爱 ài 动 사랑하다
- 的 de 助 ~의
- 家人 jiārén 名 가족

1 我家一共有五口人。

一共뒤에는 是나 有가 없어도 문장이 성립됩니다.

- 我家一共有五口人。 = 我家一共五口人。
  우리 가족은 모두 5명이다.
- 这些东西一共是30元。 = 这些东西一共30元。
  이 물건들은 합쳐서 30원이다.

2 我真爱我的家人。

的는 인칭대명사 뒤에 놓여 소유나 소속관계를 나타냅니다. 우리말에서는 '~의' 라는 표현이 종종 생략되어 쓰이지만 중국어에서는 대부분 的를 써 주어야 합니다.

- 这是谁的书呢? 이거 누구(의) 책이니?
- 你的衣服很漂亮。 너(의) 옷이 정말 예쁘구나.

▶▶ 的의 예외적 용법

관형어와 중심어가 아주 밀접한 관계에 있을 때에는 的를 생략할 수 있습니다.

- 我真爱我的家人。→ 我真爱我家人。
  나는 우리 가족을 정말 사랑한다.
- 那不是你们的学校吗? → 那不是你们学校吗?
  저거 너희 학교 아니니?
- 他是我们公司的老板。→ 他是我们公司老板。
  저 분은 우리 회사 사장님이시다.

연습문제

1 다음 단어를 한국어는 중국어로, 중국어는 한국어로 바꾸어 보세요.

① 一共 → ________　　⑤ 口 → ________

② 싸우다 → ________　　⑥ 사랑하다 → ________

③ 天天 → ________　　⑦ 和 → ________

④ 그러나 → ________　　⑧ 가족 → ________

2 본문을 중국어로 옮겨 보세요.

나는 우리 가족이 좋아

2월 26일 월요일 맑음

우리 가족은 아빠, 엄마, 오빠, 언니, 나 이렇게 다섯 명이다.

나와 오빠는 매일같이 싸우지만

나는 우리 가족을 정말 사랑한다.

02 爷爷的生日

3月7日 星期三 阴

今天是爷爷的生日。

我们一家人去爷爷家。

叔叔、伯伯也在爷爷家。

我们一起吃晚饭。

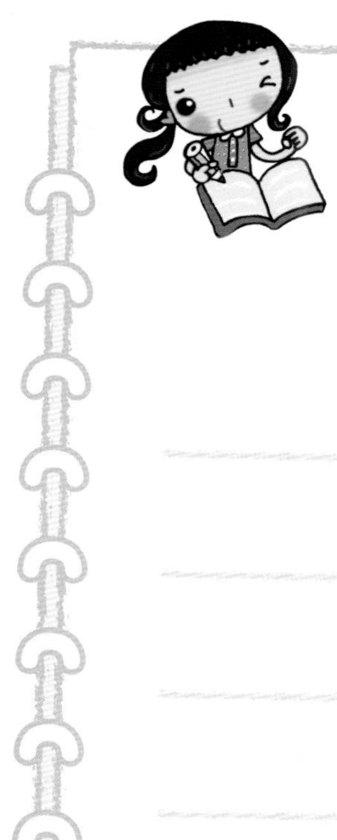

본문을 해석해 보세요.

02

새로 나온 단어

· 是 shì 动 ~이다
· 爷爷 yéye 名 친할아버지
· 去 qù 动 가다
· 叔叔 shūshu 名 삼촌
· 伯伯 bóbo 名 큰아버지
· 也 yě 副 ~도, 또한
· 在 zài 动 ~에 있다
· 一起 yìqǐ 副 함께

① 今天是爷爷的生日。

是는 '~이다' 라는 뜻입니다.

· Rain 是我最喜欢的歌手。(Rain = 我最喜欢的歌手)
 비는 내가 제일 좋아하는 가수이다.

· 我是这个出版社的老板。(我 = 这个出版社的老板)
 내가 이 출판사의 사장이다.

▸▸ 是의 부정형

是의 부정형은 不是입니다.

· Rain 不是我最喜欢的歌手。 비는 내가 제일 좋아하는 가수가 아니다.

· 我不是这个出版社的老板。 나는 이 출판사의 사장이 아니다.

② 我们一家人去爷爷家。

'去+장소' 의 형태로 쓰여 '~에 가다' 라는 뜻이 됩니다.

· 明天我要去中国。 나는 내일 중국에 간다.

· 我怎么去你家呢? 너희 집에 어떻게 가야 하니?

③ 叔叔、伯伯也在爷爷家。

'사람/사물+在+장소' 의 형태로 쓰고 '(사람이나 사물이)~에 있다' 라는 뜻입니다.

· 爸爸在厨房。 아버지는 부엌에 계신다.

· 我家在首尔。 우리 집은 서울에 있다.

연습문제

1 다음 단어를 한국어는 중국어로, 중국어는 한국어로 바꾸어 보세요.

① 是 → ______　　⑤ 去 → ______

② 오늘 → ______　　⑥ ~도, 또한 → ______

③ 一起 → ______　　⑦ 吃 → ______

④ ~에 있다 → ______　　⑧ 친할아버지 → ______

2 본문을 중국어로 옮겨 보세요.

할아버지 생신

3월 7일 수요일 흐림

오늘은 할아버지 생신이다.
우리 가족은 할아버지 댁으로 갔다.
삼촌과 큰아버지도 할아버지 댁에 계셨다.
우리는 함께 저녁 식사를 했다.

03 我的房间

3月19日 星期一 晴

我家有三个房间。

爸爸和妈妈一间，哥哥一间，我和姐姐一间。

我一直没有自己的房间。

我希望能有自己的房间。

본문을 해석해 보세요.

새로 나온 단어

· 有 yǒu	动	~이 있다
· 个 ge	量	개(개수를 세는 양사)
· 房间 fángjiān	名	방
· 间 jiān	量	칸(방을 세는 양사)
· 一直 yìzhí	副	줄곧, 변함없이
· 没有 méiyǒu	动	없다
· 自己 zìjǐ	代	자기 자신
· 希望 xīwàng	动	바라다, 희망하다

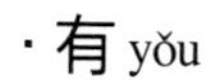

1 我家有三个房间。

有는 아주 많은 뜻이 있는데, 이 과에서는 '~을 가지고 있음(소유)' 을 뜻합니다.

- 他有三个孩子。 그에게는 세 명의 아이가 있다.
- 我有名牌手机。 나는 명품 핸드폰을 가지고 있다.

▶▶ 有의 부정형

有의 부정형은 没有입니다.

- 我没有兄弟姐妹。 나는 형제자매가 없다.
- 你有票吗? 没有票就买票吧。 표 있으세요? 없으면 사세요.

2 我家有三个房间。

중국어의 양사 중에서 가장 광범위하게 쓰이는 양사입니다. 특별히 정해진 양사가 없는 경우는 물론, 전용 양사가 있는 경우에도 쓸 수 있습니다.

- 一个人
  한 사람
- 一个国家
  한 나라
- 一家公司 = 一个公司
  회사 한 곳
- 一道菜 = 一个菜
  요리 한 접시

연습문제

03

1 다음 단어를 한국어는 중국어로, 중국어는 한국어로 바꾸어 보세요.

① 个 → ____________

② 방 → ____________

③ 一直 → ____________

④ 없다 → ____________

⑤ 自己 → ____________

⑥ 바라다 → ____________

⑦ 有 → ____________

⑧ ~의 → ____________

2 본문을 중국어로 옮겨 보세요.

내 방

3월 19일 월요일 맑음

우리 집에는 방이 3개 있다.

부모님 방, 오빠 방, 나와 언니 방이다.

나는 지금까지 내 방이 없었다.

나도 내 방이 있었으면 좋겠다.

04 演讲比赛

3月29日 星期四 下雨

今天我参加了汉语演讲比赛。

我演讲的题目是“我的家人”。

我得了第一名。

爸爸和妈妈非常高兴。

본문을 해석해 보세요.

새로 나온 단어

- 参加 cānjiā　动 참가하다
- 了 le　助 동작의 완료를 나타내는 조사
- 演讲 yǎnjiǎng　动 연설하다
- 比赛 bǐsài　名 대회, 시합
- 题目 tímù　名 주제, 제목
- 得 dé　动 ~을 얻다
- 第一名 dìyīmíng　名 1등
- 非常 fēicháng　副 아주, 매우
- 高兴 gāoxìng　形 기쁘다

今天我参加了汉语演讲比赛。

동사나 형용사 뒤에 놓여 발생된 동작이 이미 완성되었음을 뜻합니다.

- 我买了这本书。 나는 이 책을 샀다.
- 我订了飞机票。 나는 비행기표를 예약했다.

부정문에서는 了를 빼고 没(有)를 동사앞에 넣어줍니다.

- 我没(有)买这本书。 나는 이 책을 사지 않았다.
- 我没(有)订飞机票。 나는 비행기표를 예약하지 않았다.

爸爸和妈妈非常高兴。

중국어는 우리말과 마찬가지로 형용사가 서술어로 쓰일 수 있는데, 이러한 문장 구조를 '형용사 술어문' 이라고 합니다.

爸爸和妈妈	[非常]	高兴。
주어:명사	관형어:부사	서술어:형용사

- 那个女孩儿很勇敢。 저 여자아이는 아주 용감하다.
- 他的房间很大。 그의 방은 크다.

연습문제

1 다음 단어를 한국어는 중국어로, 중국어는 한국어로 바꾸어 보세요.

① 题目 → ________
② 참가하다 → ________
③ 比赛 → ________
④ ~을 얻다 → ________
⑤ 非常 → ________
⑥ 연설하다 → ________
⑦ 高兴 → ________
⑧ 1등 → ________

2 본문을 중국어로 옮겨 보세요.

말하기 대회

3월 29일 목요일 비

오늘 중국어 말하기 대회에 나갔다.
내 연설의 주제는 '우리 가족' 이었는데,
내가 1등을 했다.
아빠와 엄마가 아주 기뻐하셨다.

05 花木兰

4月10日 星期二 晴转阴

我喜欢看书。今天我看了《花木兰》。

那是一个很有意思的故事。

主人公木兰是一个既聪明又勇敢的女孩儿。

她替爸爸去打仗。

花木兰 huāmùlán《화목란》이라는 중국의 옛날 이야기이다.
우리나라에서는《뮬란》이라는 이름으로 더 잘 알려져 있다.

본문을 해석해 보세요.

새로 나온 단어

- 有意思 yǒuyìsi 形 재미있다
- 故事 gùshi 名 이야기
- 主人公 zhǔréngōng 名 주인공
- 既～又～ jì~yòu~ ～이고 ～이다
- 聪明 cōngmíng 形 총명하다, 똑똑하다
- 勇敢 yǒnggǎn 形 용감하다
- 女孩儿 nǚháir 名 여자아이
- 替 tì 动 대신하다
- 打仗 dǎzhàng 动 전쟁하다

 主人公木兰是一个既聪明又勇敢的女孩儿。

'既~又~' 는 내용을 나열할 때 사용하며, 又대신 也를 쓸 수도 있습니다.

· 她既漂亮又善良。
  그 아이는 예쁘고 착하다.

· 我既会说汉语也会说英语。
  나는 중국어도 할 수 있고 영어도 할 수 있다.

이 구문은 주어가 다르면 사용할 수 없습니다.

너도 오고, 그 사람도 왔구나.

· 你既来了，他也来了。(×)

· 你来了，他也来了。(○)

연습문제

1 다음 단어를 한국어는 중국어로, 중국어는 한국어로 바꾸어 보세요.

① 替 → ________ ⑤ 聪明 → ________

② 여자아이 → ________ ⑥ 주인공 → ________

③ 有意思 → ________ ⑦ 打仗 → ________

④ 용감하다 → ________ ⑧ 이야기 → ________

05

2 본문을 중국어로 옮겨 보세요.

물란

4월 10일 화요일 맑은 뒤 흐림

나는 독서를 좋아한다. 오늘은 「뮬란」이라는 책을 보았다.

아주 재미있는 이야기이다.

주인공 뮬란은 총명하고 용감한 아이이다.

뮬란은 아버지를 대신해서 전쟁에 나갔다.

06 下雨

4月18日 星期三 下雨

今天下雨了。

我和姐姐不能出去玩儿,

我们都在家。

我们在家打扫房间。

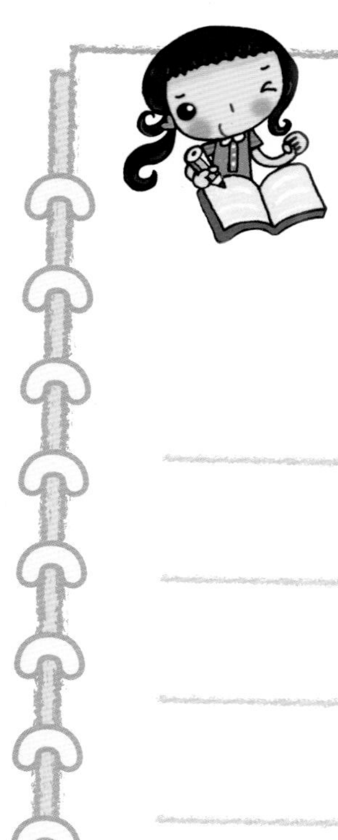

본문을 해석해 보세요.

06

새로 나온 단어

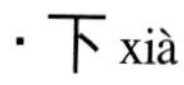
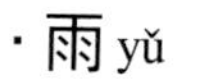

- 下 xià　动 (비가)내리다
- 雨 yǔ　名 비
- 能 néng　助动 ~할 수 있다
- 出去 chūqù　动 나가다

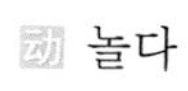
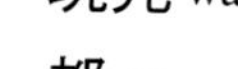
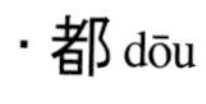
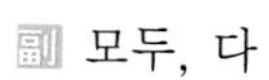
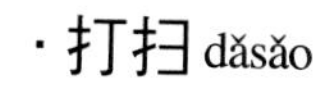
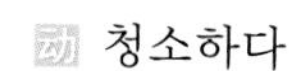

- 玩儿 wánr　动 놀다
- 都 dōu　副 모두, 다
- 打扫 dǎsǎo　动 청소하다

1 我和姐姐不能出去玩儿。

가능이나 능력을 나타내는 조동사입니다.

· 我感冒都好了，我能参加今天的晚会。
나 감기 다 나아서 오늘 저녁 모임에 참가할 수 있어.(가능)

· 我能说几句汉语。
나는 중국어를 몇 마디 할 수 있다.(능력)

2 我和姐姐不能出去玩儿。

중국어에서도 우리말과 마찬가지로 '들어오다, 나가다' 라고 말합니다. 이 때 '오다, 가다' 라는 의미의 来，去는 여러 단음절 동사(出、进、上、下、过、回 등) 뒤에 붙어서 방향에 대한 보충설명을 나타내기 때문에 '방향보어' 라고 부릅니다.

· 我们今天出去吃饭吧。우리 오늘 나가서 밥먹자.

· 我找不到你，你出来吧。너 못 찾겠어, 나와라.

· 我去洗手间，你先进去吧。나 화장실 좀 다녀올게. 너 먼저 들어가.

· 门没锁，请进来。문 열렸어요, 들어오세요.

· 我在二楼呢，你上来吧。나 2층에 있으니까 올라와.

· 我在这儿，你下来吧。나 여기 있어, 네가 내려와라.

· 请过来一下。이쪽으로 오십시오.

· 我马上过去。내가 금방 갈게.

· 不早了，我回去了。늦었으니 돌아가겠습니다.

· 我回来了。저 돌아왔어요.

연습문제

1 다음 단어를 한국어는 중국어로, 중국어는 한국어로 바꾸어 보세요.

① 今天 → ____________
② 비가 오다 → ____________
③ 出去 → ____________
④ ~할 수 있다 → ____________
⑤ 都 → ____________
⑥ 놀다 → ____________
⑦ 家 → ____________
⑧ 청소하다 → ____________

2 본문을 중국어로 옮겨 보세요.

비

4월 18일 수요일 비

오늘 비가 왔다.

나와 언니는 밖에 나가 놀 수가 없어서 둘 다 집에 있었다.

우리는 집에서 청소를 했다.

06

07 检查身体

4月28日 星期六 晴

今天学校检查身体。

我的身高是一米五五。

我希望我的身高能再高一点儿。

从明天起，我要每天喝牛奶。

본문을 해석해 보세요.

새로 나온 단어

- 检查 jiǎnchá 动 검사하다
- 身体 shēntǐ 名 신체, 몸
- 身高 shēngaō 名 키
- 再 zài 副 더
- 高 gāo 形 (키가)크다
- 一点儿 yìdiǎnr 量 조금
- 从~起 cóng~qǐ ~부터
- 要 yào 助动 ~할 것이다
- 每天 měitiān 名 매일
- 喝 hē 动 마시다
- 牛奶 niúnǎi 名 우유

1 从明天起，我要每天喝牛奶。

문장의 앞부분에 쓰여 '~부터' 라는 시간의 출발점을 나타냅니다.

- 从现在起，我不跟你玩儿。 이제부터 너랑 안 놀아.
- 从明天起，我来学校上课。 내일부터 학교에 와서 수업을 들을 거야.

2 从明天起，我要每天喝牛奶。

要는 동사, 조동사, 접속사 등의 범위에서 여러 가지 뜻을 가지는데, 여기서는 要가 조동사로 쓰인 몇 가지 경우만 살펴보겠습니다.

① ~할 것이다, ~하고 싶다(어떤 일에 대한 의지나 소망을 나타냄)

- 下课以后，我要去图书馆。 나는 수업 끝나고 도서관에 갈 것이다.
- 我要喝咖啡。 커피를 마시고 싶다.

② 마땅히 ~해야 한다(당위성을 나타냄)

- 学生要努力学习。 학생은 열심히 공부해야 한다.
- 过马路要小心。 길을 건널 때는 조심해야 한다.

③ ~일 것이다(강한 추측을 나타냄)

- 今天要下雨。 오늘 비가 올 것 같다.

연습문제

1 다음 단어를 한국어는 중국어로, 중국어는 한국어로 바꾸어 보세요.

① 一点儿 → ____________
② 검사하다 → ____________
③ 要 → ____________
④ 키 → ____________
⑤ 牛奶 → ____________
⑥ 마시다 → ____________
⑦ 身体 → ____________
⑧ ~부터 → ____________

2 본문을 중국어로 옮겨 보세요.

신체검사

4월 28일 토요일 맑음

오늘 학교에서 신체검사를 했다.
내 키는 155센티미터이다.
나는 내 키가 조금만 더 컸으면 좋겠다.
내일부터 매일 우유를 마셔야 겠다.

07

08 郊游

5月4日 星期五 晴

今天学校组织我们去郊游。

吃完饭我们一起联欢。

同学们在前面跳舞。

我也想学跳舞。

본문을 해석해 보세요.

08

새로 나온 단어

· 组织 zǔzhī 动 (분산돼 있는 것을)모으다, 구성 · 조직하다

· 郊游 jiāoyóu 动 교외로 놀러가다

· 联欢 liánhuān 动 함께 모여 놀다

· 同学 tóngxué 名 학교 친구

· 跳舞 tiàowǔ 动 춤을 추다

· 想 xiǎng 助动 ~하고 싶다

· 学 xué 动 배우다

1 吃完饭我们一起联欢。

'동사1+동사2/형용사' 의 형태로 쓰여 동사1의 결과가 어떻게 되었는지 동사2나 형용사가 보충설명을 하는 것입니다. 이를 '결과보어' 라 합니다.

- 吃(먹다) + 完(끝나다, 없다) = 吃完 (먹어서 없다 → 다 먹었다)
- 吃(먹다) + 饱(배부르다) = 吃饱 (먹어서 배부르다 → 배부르게 먹었다)
- 学(배우다) + 会(할 수 있다) = 学会 (배워서 할 수 있게 되었다)
- 洗(씻다) + 干净(깨끗하다) = 洗干净 (씻어서 깨끗하다 → 깨끗하게 씻었다)
- 听(듣다) + 清楚(분명하다) = 听清楚 (듣고 분명해졌다 → 제대로 듣다)

▶▶ 결과보어의 부정형

결과보어의 부정은 동사1 앞에 没(有)를 붙입니다.

- 你们先走吧，我还没(有)吃完呢。 너희 먼저 가라, 난 아직 다 안 먹었어.
- 再说一遍好吗？我没(有)听清楚。 다시 한 번 말씀해 주실래요? 똑똑히 못 들었어요.

2 我也想学跳舞。

동사 앞에 놓여 '~하고 싶다' 는 소망을 나타냅니다.

- 我想回家。 나는 집에 가고 싶다.
- 我想喝牛奶。 나는 우유가 먹고 싶다.

▶▶ 想의 부정형

想의 부정은 不想으로 표현합니다.

- 我不想回家。 나는 집에 가기 싫다.
- 我不想喝牛奶。 나는 우유 먹기 싫다.

연습문제

1 다음 단어를 한국어는 중국어로, 중국어는 한국어로 바꾸어 보세요.

① 学 → ____________

② 학교 → ____________

③ 跳舞 → ____________

④ 학교 친구 → ____________

⑤ 想 → ____________

⑥ 교외로 놀러가다 → ____________

⑦ 组织 → ____________

⑧ 함께 모여 놀다 → ____________

2 본문을 중국어로 옮겨 보세요.

소풍

5월 4일 금요일 맑음

오늘 학교에서 소풍을 갔다.

식사를 한 후 우리는 함께 놀았다.

친구들이 앞에서 춤을 췄다.

나도 춤을 배우고 싶다.

08

09 比萨饼

5月13日 星期天 晴

今天星期天。

晚上我们一家人去外面吃饭。

姐姐和我想吃比萨饼。

所以我们去必胜客吃了比萨饼。

본문을 해석해 보세요.

새로 나온 단어

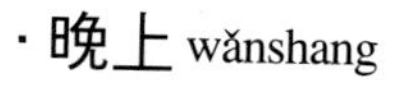

- 晚上 wǎnshang 名 저녁
- 外面 wàimian 名 밖
- 比萨饼 bǐsàbǐng 名 피자
- 所以 suǒyǐ 连 그래서
- 必胜客 bìshèngkè 固有名 피자헛

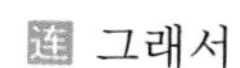

今天星期天。

명사, 수사 등이 직접 서술어가 되는 것을 '명사 술어문' 이라고 합니다. 是를 생략해도 완전한 문장이 되지만, 부정문에서는 是를 생략할 수 없습니다.

- 我今年27岁。 나는 올해 27살이다.
- 现在几点？ 지금 몇 시니?
- 我今年不是27岁。 나는 올해 27살이 아니다.
- 现在不是10点。 지금은 10시가 아니다.

所以我们去必胜客吃了比萨饼。

동작의 순서에 따라 동사(구) 두 개가 연결되어, 한 문장에서 두 가지 동작을 다 나타내는 것을 '연동문' 이라 합니다.

我们去必胜客。 + 我们吃比萨饼。 우리는 피자헛에 갔다. + 우리는 피자를 먹었다.

→ 我们去必胜客吃比萨饼。 → 우리는 피자헛에 가서 피자를 먹었다.

- 我们一起去吧。 + 我们买礼物吧。 우리 같이 가자. + 우리 선물을 사자.

  → 我们一起去买礼物吧。 → 우리 같이 가서 선물을 사자.

- 他回家。 + 他吃饭。 그는 집에 간다. + 그는 밥을 먹는다.

  → 他回家吃饭。 → 그는 집에 가서 밥을 먹는다.

연습문제

1 다음 단어를 한국어는 중국어로, 중국어는 한국어로 바꾸어 보세요.

① 所以 → ________

② 일요일 → ________

③ 必胜客 → ________

④ 저녁 → ________

⑤ 外面 → ________

⑥ 피자 → ________

2 본문을 중국어로 옮겨 보세요.

피자

5월 13일 일요일 맑음

오늘은 일요일이다.
저녁에 우리 가족은 외식을 하였다.
언니와 나는 피자를 먹고 싶었다.
그래서 우리는 피자헛에 가서 피자를 먹었다.

09

10 朋友家

5月19日 星期六 刮风

我的朋友搬家了。

今天我去朋友家玩儿。

朋友家比我家大，

她的房间在二楼，很漂亮。

본문을 해석해 보세요.

새로 나온 단어

- 搬家 bānjiā 动 이사하다
- 比 bǐ 介 ~보다
- 大 dà 形 크다
- 楼 lóu 名 층
- 漂亮 piàoliang 形 예쁘다

10

1 朋友家比我家大。

'A比B+형용사' 의 형태로 쓰여 'A가 B보다 ~하다' 라는 뜻을 나타냅니다.

朋友家	比	我家	大	친구집은 우리 집보다 크다.
A	比	B	형용사	

- 这件衣服比那件(衣服)贵。 이 옷이 저 옷보다 비싸다.
- 今天比昨天热。 오늘은 어제보다 덥다.

형용사에 대한 수치는 형용사 뒤에 놓습니다.

- 朋友家比我家大一点儿。 친구집이 우리 집보다 조금 더 크다.
- 这件衣服比那件(衣服)贵一百块。 이 옷이 저 옷보다 100원 비싸다.

형용사 수식은 很, 非常은 쓸 수 없고, 更(gèng)과 还(hái)만 쓸 수 있습니다.

- 朋友家比我家更大。 친구집이 우리 집보다 더 크다.
- 这件衣服比那件更贵。 이 옷이 저 옷보다 훨씬 비싸다.
- 今天比昨天还热。 오늘이 어제보다 훨씬 덥다.

比구문의 부정은 'A 没有 B (那么)+형용사' 입니다.

- 朋友家没有我家(那么)大。 친구집은 우리 집만큼 크지 않다.
- 这件衣服没有那件(那么)贵。 이 옷은 저 옷만큼 비싸지 않다.
- 今天没有昨天(那么)热。 오늘은 어제만큼 덥지 않다.

연습문제

1 다음 단어를 한국어는 중국어로, 중국어는 한국어로 바꾸어 보세요.

① 玩儿 → ____________ ④ ~보다 → ____________

② 이사하다 → ____________ ⑤ 大 → ____________

③ 楼 → ____________ ⑥ 예쁘다 → ____________

2 본문을 중국어로 옮겨 보세요.

친구집

5월 19일 토요일 바람

내 친구가 이사를 했다.
오늘 친구집에 놀러갔다.
친구집은 우리 집보다 크고,
친구방은 2층에 있는데 아주 예쁘다.

11 我们的学校

5月29日 星期二 阴转晴

今天是我们学校的建校日。

我们学校虽然很小，

但是历史悠久。

我喜欢我们的学校。

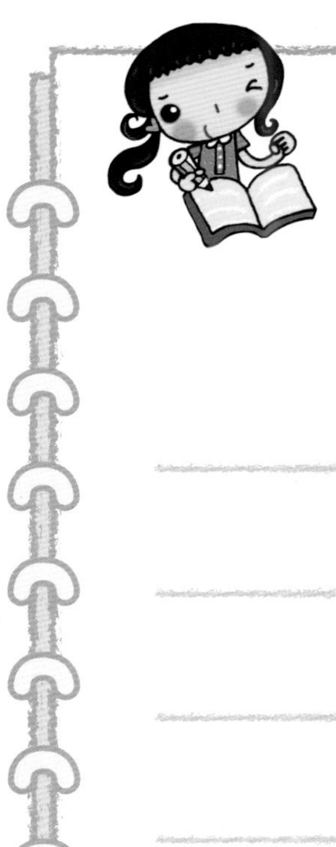

본문을 해석해 보세요.

새로 나온 단어

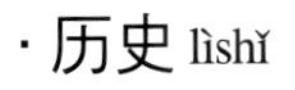

· 建校日 jiànxiàorì 名 개교기념일

· 虽然～, 但是 suīrán~, dànshì 비록～하지만, ～하다

· 小 xiǎo 形 작다

· 历史 lìshǐ 名 역사

· 悠久 yōujiǔ 形 유구하다

我们学校虽然很小，但是历史悠久。

'虽然 A, 但是 B' 의 형태로 쓰여 '비록 A이지만, B하다' 라는 뜻을 가집니다. 이 때 虽然은 주어 앞,뒤에 다 놓일 수 있습니다.

- 这孩子虽然年纪小，但是很懂事。
  이 아이는 비록 나이는 어리지만, 철이 들었다.
- 我的儿子虽然学习成绩不太好，但是脑子很聪明。
  우리 아들은 성적은 좋지 않지만, 머리는 좋다.
- 虽然我没有钱，但是我很幸福。
  나는 비록 돈은 없지만, 아주 행복하다.

연습문제

1 다음 단어를 한국어는 중국어로, 중국어는 한국어로 바꾸어 보세요.

① 是 → ________

② 개교기념일 → ________

③ 小 → ________

④ 비록~하지만, ~하다 → ________

⑤ 悠久 → ________

⑥ 역사 → ________

⑦ 喜欢 → ________

⑧ ～의 → 

2 본문을 중국어로 옮겨 보세요.

우리 학교

5월 29일 화요일 흐린 뒤 맑음

오늘은 우리 학교 개교기념일이다.
우리 학교는 비록 작지만,
오랜 역사를 가지고 있다.
나는 우리 학교가 좋다.

____

____

____

____

____

12 迟到

6月11日 星期一 晴

今天早上妈妈没叫我起床，

所以我起来晚了。

我没吃早饭就跑到学校去了。

可是我还是迟到了。

본문을 해석해 보세요.

새로 나온 단어

- 早上 zǎoshang 名 아침
- 叫 jiào 动 부르다
- 起床 qǐchuáng 动 (잠에서)일어나다
- 晚 wǎn 形 (시간이)늦다
- 跑 pǎo 动 뛰다
- 还是 háishi 副 여전히
- 迟到 chídào 动 (학교에)지각하다, (약속 시간에)늦다

今天早上妈妈没叫我起床。

이 문장은 "今天早上妈妈没叫我。", "今天早上我起床。"의 두 문장으로 나눌 수 있습니다. 즉, 我는 叫의 목적어이면서 起床의 주어가 됩니다. 이처럼 한 문장 안에서 한 단어가 앞 동사의 목적어이면서 동시에 뒷 동사의 주어가 되는 문장 형식을 겸어문(兼语式 jiānyǔshì)이라고 합니다.

- 我想请你吃饭。 제가 당신께 식사 대접을 하고 싶습니다.
  (내가 당신을 초대하고 싶다 + 당신이 식사를 하다)
- 我选他当代表。 나는 그를 대표로 뽑았다.
  (나는 그를 뽑다 + 그가 대표가 되다)

可是我还是迟到了。

부사로 쓰여 어떤 행동이나 상태가 변하지 않고 예상한 결과대로 되었음을 나타냅니다. 우리말로 해석하면 '여전히 ~하다' 라는 의미입니다.

- 多年不见，她还是那么漂亮。 오랜만에 만난 그녀는 여전히 예뻤다.
- 他还是那个样子。 그는 여전히 그대로이다.

연습문제

1 다음 단어를 한국어는 중국어로, 중국어는 한국어로 바꾸어 보세요.

① 早上 → ________

② 부르다 → ________

③ 起床 → ________

④ 뛰다 → ________

⑤ 迟到 → ________

⑥ 여전히 → ________

⑦ 起来晚 → ________

⑧ 아침식사 → ________

2 본문을 중국어로 옮겨 보세요.

지각

6월 11일 월요일 맑음

오늘 아침에 엄마가 깨워주지 않았다.
그래서 늦게 일어났다.
나는 아침도 못 먹고 학교에 뛰어갔다.
하지만 그래도 지각을 하였다.

12

13 数学考试

6月16日 星期六 阴转雨

今天考数学了。

昨天晚上，我为了准备考试熬夜。

可是考试题太难了。

下次我一定要好好儿考。

본문을 해석해 보세요.

새로 나온 단어

- 考 kǎo 动 시험을 보다
- 数学 shùxué 名 수학
- 为了 wèile 介 ~을 위해서
- 准备 zhǔnbèi 动 준비하다
- 考试 kǎoshì 名 시험
- 熬夜 áoyè 动 밤을 새다
- 题 tí 名 문제
- 难 nán 形 어렵다
- 下次 xiàcì 名 다음번
- 一定 yídìng 副 꼭, 반드시

1 我为了准备考试熬夜。

동작이나 행동의 목적을 나타내는 개사입니다. 우리말에서는 '~을 위해서', '~때문에'로 해석될 수 있습니다.

- 为了穿泳装，我要减肥。
  수영복을 입기 위해(입어야하기 때문에) 다이어트를 해야 한다.
- 现在我批评你，都是为了你好。
  내가 지금 다 너 잘되라고(너를 위해서) 야단치는 거야.

2 下次我一定要好好儿考。

下는 뒤에 양사나 시간사와 결합하여 '지금보다 이후'의 때를 나타냅니다. 반대로 '지금보다 이전'은 '上+양사/시간사'로 나타냅니다.

下 次/回 다음번	上 次/回 지난번
下 个星期 다음 주	上 个星期 지난 주
下 个学期 다음 학기	上 个学期 지난 학기

연습문제

1 다음 단어를 한국어는 중국어로, 중국어는 한국어로 바꾸어 보세요.

① 熬夜 → ______　　⑤ 考 → ______

② 수학 → ______　　⑥ 준비하다 → ______

③ 下次 → ______　　⑦ 一定 → ______

④ ~을 위해서 → ______　　⑧ 어렵다 → ______

2 본문을 중국어로 옮겨 보세요.

수학 시험

6월 16일 토요일 흐린 뒤 비

오늘 수학 시험을 보았다.
어젯밤에 시험 준비 때문에 밤을 새웠다.
하지만 시험이 너무 어려웠다.
다음에는 꼭 시험을 잘 쳐야지.

13

14 我的奶奶

6月25日 星期一 晴

暑假到了。

姐姐和我决定一起去奶奶家玩儿。

所以明天我们要坐火车去春川。

好久没见到奶奶了，我很期待。

본문을 해석해 보세요.

새로 나온 단어

- 暑假 shǔjià 名 여름방학, 여름휴가
- 到 dào 动 이르다, 도착하다
- 决定 juédìng 动 결정하다
- 奶奶 nǎinai 名 친할머니
- 坐 zuò 动 (차, 기차, 비행기 등)을 타다
- 火车 huǒchē 名 기차
- 春川 chūnchuān 固有名 춘천
- 期待 qīdài 动 기대하다

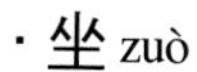
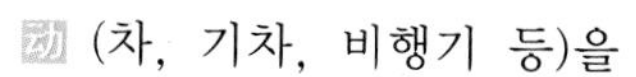

暑假到了。

'이르다, 도착하다' 의 의미입니다. 到는 '누가 어느 장소에 도착하다' 와 같은 구체적인 주체 외에, 시간같이 추상적인 주체에도 씁니다. 우리말에서는 추상적인 주체에는 '이르다, 도착하다' 등의 말을 굳이 하지 않기 때문에 중국어 작문을 할 때 到를 안 쓰는 경우가 많으니 주의하세요.

- 我喜欢的春天终于到了。 드디어 내가 좋아하는 봄이 왔다.
- 孩子到八岁才能入学。 아이들은 여덟 살이 되어야 학교에 입학할 수 있다.

暑假到了。

어기조사로서 어떤 상황이 새로 출현하였거나, 상황에 변화가 생겼을 때 사용합니다.

- 春天来了。
  봄이 왔다.(새 상황 출현)
- 天气热了。
  날씨가 더워졌다.(상황 변화)

연습문제

1 다음 단어를 한국어는 중국어로, 중국어는 한국어로 바꾸어 보세요.

① 到 → ____________ ⑤ 火车 → ____________

② 여름방학 → ____________ ⑥ (기차를)타다 → ____________

③ 所以 → ____________ ⑦ 期待 → ____________

④ 결정하다 → ____________ ⑧ 놀다 → ____________

2 본문을 중국어로 옮겨 보세요.

우리 할머니

6월 25일 월요일 맑음

여름방학이다.

언니와 나는 할머니 댁에 놀러가기로 하였다.

그래서 우리는 내일 기차를 타고 춘천에 갈 것이다.

오랫동안 할머니를 못 뵈어서 아주 기대된다.

15 钢琴

7月5日 星期四 晴

我钢琴弹得很好。

下周我要参加钢琴比赛，

所以我天天努力练习。

我希望能得第一名。

본문을 해석해 보세요.

새로 나온 단어

- 弹 tán 动 (피아노를)치다, 연주하다
- 钢琴 gāngqín 名 피아노
- 下周 xiàzhōu 名 다음 주
- 练习 liànxí 动 연습하다

我钢琴弹得很好。

'동사+得+형용사' 의 형태로 쓰여, 형용사가 동사에 대해 보충설명을 하는 것을 '정도보어' 라고 합니다.

- 吃得多 먹는 게 많다. (많이 먹는다.)
- 玩得开心 노는 게 즐겁다. (즐겁게 놀다.)

동사 뒤에 목적어가 나올 때에는 '동사+목적어+동사+得+형용사' 의 형태로 동사를 한 번 더 반복해주거나 '목적어+동사+得+형용사' 처럼 목적어를 동사 앞에 놓습니다.

- 学汉语学得很累。 = 汉语学得很累。
  중국어를 공부하는 것은 힘들다. → 중국어는 힘들다.
- 他唱歌唱得很好。 = 他歌唱得很好。
  그는 노래 부르는 것을 잘 한다. → 그는 노래를 잘 부른다.

정도보어의 부정은 형용사 부분에서 이루어집니다.

- 吃得不多 먹는 게 많지 않다. → 많이 못 먹는다.
- 玩得不开心 노는 게 즐겁지 않다. → 즐겁게 놀지 못하다.
- 学汉语学得不太累。 = 汉语学得不太累。
  중국어를 공부하는 것은 그다지 힘들지 않다. → 중국어는 그다지 힘들지 않다.
- 他唱歌唱得不好。 = 他歌唱得不好。
  그는 노래 부르는 것을 못한다. → 그는 노래를 못 부른다.

연습문제

1 다음 단어를 한국어는 중국어로, 중국어는 한국어로 바꾸어 보세요.

① 下周 → ____________
② 참가하다 → ____________
③ 希望 → ____________
④ 피아노를 치다 → ____________
⑤ 第一名 → ____________
⑥ 연습하다 → ____________
⑦ 比赛 → ____________
⑧ 열심히 → ____________

2 본문을 중국어로 옮겨 보세요.

피아노

7월 5일 목요일 맑음

나는 피아노를 잘 친다.
다음 주에 피아노 대회에 나간다.
그래서 매일 열심히 연습한다.
내가 일등을 했으면 좋겠다.

16 我的爸爸

7月18日 星期三 晴

我爸爸在银行工作。

他每天早出晚归，非常忙。

今天我去了爸爸工作的银行。

爸爸给我买了好吃的饼干。

본문을 해석해 보세요.

16

새로 나온 단어

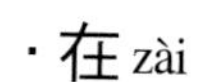

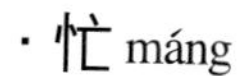

· 在 zài 介 ~에서
· 银行 yínháng 名 은행
· 早出晚归 zǎochūwǎnguī 일찍 나가고 늦게 귀가하다
· 忙 máng 形 바쁘다
· 给 gěi 介 ~에게
· 好吃 hǎochī 形 맛있다
· 饼干 bǐnggān 名 과자

1 我爸爸在银行工作。

개사로써 '~에서' 라는 의미를 나타냅니다. 2과에서 배운 동사 在와 구분하여 익히도록 합시다.

- 我在家吃饭呢。 介 나 집에서 밥먹고 있어.
- 我在家呢。 动 나 집에 있어.
- 周末我整天在补习班学习。 介 주말에 나는 하루 종일 학원에서 공부한다.
- 周末我整天在补习班。 动 주말에 나는 하루 종일 학원에 있다.

2 爸爸给我买了好吃的饼干。

이 과에서 给는 '~에게' 라는 뜻으로 쓰였습니다. '给+사람+동사+목적어' 의 형태로 '~에게 ~을 ~하다' 라는 뜻이 됩니다.

- 他给我们倒(dào)茶。 그는 우리에게 차를 따라주었다.
- 妈妈给爸爸做饭。 엄마는 아버지께 음식을 차려드렸다.

연습문제

1 다음 단어를 한국어는 중국어로, 중국어는 한국어로 바꾸어 보세요.

① 早出晚归 → ________

② 은행 → ________

③ 忙 → ________

④ 일하다 → ________

⑤ 在 → ________

⑥ 맛있다 → ________

⑦ 给 → ________

⑧ 과자 → ________

2 본문을 중국어로 옮겨 보세요.

우리 아빠

7월 18일 수요일 맑음

우리 아빠는 은행에서 일하신다.
아빠는 아주 바쁘셔서 매일 일찍 나가서 늦게 들어오신다.
오늘 아빠가 일하시는 은행에 갔다.
아빠가 맛있는 과자를 사 주셨다.

17 我叫红花

7月31日 星期二 刮风

今天我在路上碰到了朋友和她的妈妈。

朋友的妈妈问我叫什么名字。

我告诉她我叫红花。

我不喜欢我的名字。

본문을 해석해 보세요.

새로 나온 단어

- 路 lù 名 길
- 碰到 pèngdào 动 우연히 만나다
- 问 wèn 动 묻다
- 什么 shénme 代 무슨, 무엇
- 名字 míngzi 名 이름
- 告诉 gàosu 动 알리다

今天我在路上碰到了朋友和她的妈妈。

보어로 쓰여 동작의 결과를 나타냅니다. 예를 들어, 听이 단순히 소리가 들리는 것(소리→귀)을 의미한다면, 听到는 소리를 듣고 인식한 것(소리→귀→뇌)까지를 나타내는 것입니다. 이러한 보어 유무에 따른 의미 차이가 우리말에는 없기 때문에 중국어 작문시 어려움이 있으므로 많은 예문을 보며 익혀야 합니다.

- 昨天我看到他被车撞倒了。

  나는 어제 그가 차에 치어 쓰러지는 것을 보았다.

- 做人应该说到做到。

  사람이라면 응당 말한 것은 실천해야 한다.

연습문제

1 다음 단어를 한국어는 중국어로, 중국어는 한국어로 바꾸어 보세요.

① 名字 → ____________

② 우연히 만나다 → ____________

③ 告诉 → ____________

④ 길에서 → ____________

⑤ 问 → ____________

⑥ ~라고 부르다 → ____________

⑦ 什么 → ____________

⑧ 싫어하다 → ____________

2 본문을 중국어로 옮겨 보세요.

내 이름은 홍화

7월 31일 화요일 바람

오늘 길에서 친구와 친구 엄마를 만났다.

친구의 엄마가 내 이름이 뭔지 물어보셨다.

나는 홍화라고 대답했다.

나는 내 이름이 정말 싫다.

18 开学

8月23日 星期四 阴转雨

快要开学了。

今天我和朋友一起去了文具店。

我们买了本子和铅笔。

我希望早点儿开学。

본문을 해석해 보세요.

18

새로 나온 단어

- 快要～了 kuàiyào～le 곧～하려한다
- 开学 kāixué 动 개학하다
- 文具店 wénjùdiàn 名 문구점
- 本子 běnzi 名 노트, 연습장
- 铅笔 qiānbǐ 名 연필
- 早 zǎo 形 (시간이)이르다, 빠르다

1 快要开学了。

快要～了는 '곧 ~하려한다' 라는 뜻이며, 快～了, (就)要～了의 형태로 쓰이기도 합니다.

- 他快要出国了。 그는 곧 출국할 것이다.
- 天快要亮了。 날이 곧 밝아지려고 한다.
- 春天快要来了。 곧 봄이 오려고 한다.

快要～了의 문형은 구체적인 시간사나 시간 부사와 결합할 수 없습니다. 시간이나 시간 부사가 올 때에는 (就)要～了의 문형을 써야합니다.

- 明天他快要出国了。(×) → 明天他(就)要出国了。(○)
  그는 곧 출국할 것이다.

- 他马上快要出国了。(×) → 他马上(就)要出国了。(○)
  그는 곧 출국할 것이다.

연습문제

1 다음 단어를 한국어는 중국어로, 중국어는 한국어로 바꾸어 보세요.

① 开学 → ________　　⑤ 早点儿 → ________

② 연필 → ________　　⑥ 사다 → ________

③ 文具店 → ________　　⑦ 希望 → ________

④ 곧 ~하려한다 → ________　　⑧ 노트, 연습장 → ________

18

2 본문을 중국어로 옮겨 보세요.

개학

8월 23일 목요일 흐린 뒤 비

곧 개학이다.
오늘 친구랑 문구점에 갔다.
우리는 공책과 연필을 샀다.
빨리 개학을 했으면 좋겠다.

19 生日晚会

9月5日 星期三 多云

今天是我的生日。

妈妈为我开了生日晚会。

朋友们送给我很多礼物。

我非常喜欢他们的礼物。

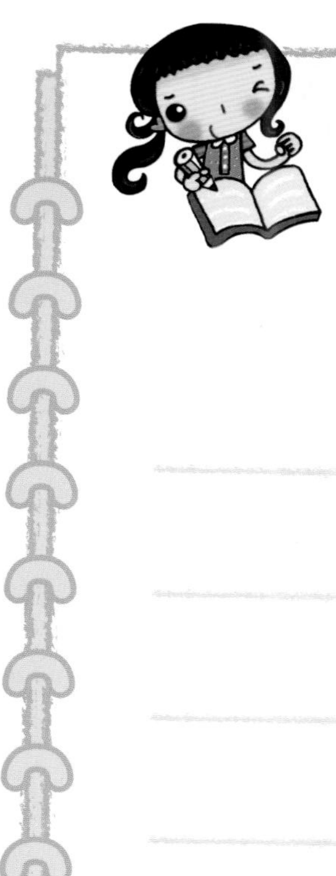

본문을 해석해 보세요.

새로 나온 단어

- 开 kāi 动 (회의, 모임을)진행하다, 열다
- 晚会 wǎnhuì 名 저녁모임
- 送 sòng 动 주다
- 给 gěi 动 ~에게 ~을 주다
- 礼物 lǐwù 名 선물

1 妈妈为我开了生日晚会。

중국어 작문시 우리말 식으로 중국어 단어를 선택하면 틀리는 경우가 많이 있습니다. 그러므로 중국어에서 고정적으로 결합되어 사용하는 동사와 목적어, 주어와 술어는 통째로 외워 활용하는 것이 좋습니다.

- 회의를 하다.
  做会(×) → 开 + 会
- 키가 크다.
  个子大(×) → 个子 + 高
- 편지를 보내다.
  送信(×) → 寄 + 信
- 이메일을 보내다.
  送电子邮件(×) → 发 + 电子邮件

2 朋友们送给我很多礼物。

给는 '给+사람+사물' 의 형태로 이중 목적어를 가지며, '~에게 ~을 주다' 로 해석할 수 있습니다.

- 请给我一个机会。 저에게 기회를 주세요.
- 给他十块钱。 저 사람에게 10원을 주세요.

연습문제

1 다음 단어를 한국어는 중국어로, 중국어는 한국어로 바꾸어 보세요.

① 送	→ ________	④ ~에게 ~을 주다	→ ________
② 생일파티를 하다	→ ________	⑤ 生日	→ ________
③ 礼物	→ ________	⑥ 매우, 아주	→ ________

2 본문을 중국어로 옮겨 보세요.

생일파티

9월 5일 수요일 구름

오늘은 내 생일이다.
엄마가 생일파티를 열어주셨다.
친구들이 나에게 선물을 많이 주었다.
나는 선물이 아주 마음에 들었다.

20 数学

9月25日 星期二 阴转晴

每天一放学我就去补习班上课。

因为我的数学不好，

所以我在补习班学习数学。

怎样才能学好数学呢？

본문을 해석해 보세요.

새로 나온 단어

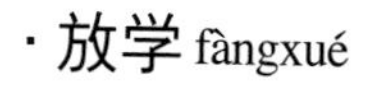

· 放学 fàngxué　动 하교하다

· 补习班 bǔxíbān　名 학원

· 因为 yīnwèi　连 ~이기 때문에

· 怎样 zěnyàng　代 어떻게

· 才 cái　副 비로소

· 呢 ne　助 의문의 어기를 나타내는 조사

① 每天一放学我就去补习班上课。

앞 문장의 일이 일어난 후, 바로 이어서 뒷 문장의 일이 일어남을 나타내는 문형입니다. 앞 뒤 문장의 주어는 같을 수도 있고, 다를 수도 있습니다.

- 他一起床就喝杯水。그는 일어나면 물을 한 잔 마신다.
- 姐姐一挂电话就哭起来了。누나는 전화를 끊자마자 울기 시작했다.
- 天一亮他就走了。날이 밝자마자 그는 떠났다.
- 雨一停彩虹就出来了。비가 그치자마자 무지개가 생겼다.

② 怎样才能学好数学呢?

어떤 조건, 상황아래 동작이 행해지는 것을 말합니다.

- 答应我的条件，我才学习。내 조건에 응해줘야 나는 공부할 것이다.
- 只有通过考试，我才能毕业。나는 시험에 붙어야 비로소 졸업을 할 수 있다.

③ 怎样才能学好数学呢?

'怎样~呢?' 는 '어떻게 ~하지?' 라는 뜻입니다. 怎样, 什么, 哪, 谁 등의 의문대명사는 문장 끝에 呢, 啊와 같은 어기조사와 호응합니다.

- 怎样才能挣很多钱呢? 어떻게 해야 많은 돈을 벌지?
- 谢什么啊，您别客气了。고맙긴요, 아무것도 아닙니다.
- 你在哪儿啊? 너 어디에 있니?
- 他在找谁呢? 저 사람 지금 누구를 찾고 있는 거니?

연습문제

1 다음 단어를 한국어는 중국어로, 중국어는 한국어로 바꾸어 보세요.

① 因为 → ______　　⑤ 能 → ______

② 하교하다 → ______　　⑥ 비로소 → ______

③ 一～就～ → ______　　⑦ 数学 → ______

④ 학원 → ______　　⑧ 어떻게 → ______

2 본문을 중국어로 옮겨 보세요.

수학

9월 25일 화요일 흐린 뒤 맑음

나는 매일 학교가 끝나면 학원에 간다.
수학을 잘 못하기 때문에
학원에서 수학을 배운다.
어떻게 해야 수학을 잘할 수 있을까?

20

21 饿死鬼

10月31日 星期三 晴

我不但喜欢吃东西，而且吃得很多。

我们学校每天中午12点开始午餐。

不过我每天一到11点肚子就饿。

我很担心会变胖。

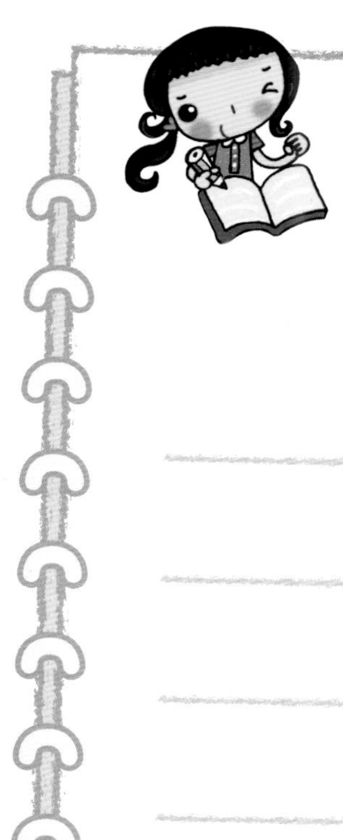

본문을 해석해 보세요.

새로 나온 단어

- 不但~, 而且~ búdàn~, érqiě~ ~일 뿐만 아니라~도
- 东西 dōngxi 名 물건, 음식 등을 가리킴
- 中午 zhōngwǔ 名 정오, 점심
- 午餐 wǔcān 名 점심식사
- 不过 búguò 连 하지만, 그러나
- 饿 è 形 배고프다
- 担心 dānxīn 动 걱정하다
- 变 biàn 动 변하다
- 胖 pàng 形 뚱뚱하다

1 我不但喜欢吃东西，而且吃得很多。

'不但A，而且B' 의 형태로 쓰이고, 'A뿐만 아니라 B하기까지 하다' 라는 점층의 의미를 가집니다. 앞, 뒤 문장의 주어가 같을 때는 일반적으로 不但이 주어 뒤에, 주어가 다를 때는 不但이 주어 앞에 옵니다.

- 我不但会说汉语，而且会说英语。
  나는 중국어뿐만 아니라, 영어도 할 줄 안다.
- 做运动不但能减肥，而且能锻炼身体。
  운동은 다이어트뿐만 아니라, 체력도 키울 수 있다.
- 不但风景美，而且人也好。
  풍경이 아름다울 뿐만 아니라 사람들도 좋다.
- 不但数量多，而且质量也不错。
  수량이 많을 뿐만 아니라 품질도 좋다.

연습문제

1 다음 단어를 한국어는 중국어로, 중국어는 한국어로 바꾸어 보세요.

① 不但~, 而且~ → ______

② 정오, 점심 → ______

③ 不过 → ______

④ 점심식사 → ______

⑤ 饿 → ______

⑥ 걱정하다 → ______

⑦ 变 → ______

⑧ 뚱뚱하다 → ______

2 본문을 중국어로 옮겨 보세요.

먹보

10월 31일 수요일 맑음

나는 먹는 것을 좋아할 뿐 아니라, 많이 먹는다.
우리 학교는 12시가 점심시간이다.
하지만 나는 11시만 되면 배가 고프다.
뚱뚱해질까 봐 걱정이 된다.

______

______

______

______

______

22 作业

11月12日 星期一 晴

今天放学后，我朋友来我家玩儿。

我们一起吃完饭，开始做作业。

作业太多，我们很晚才做完。

我希望明天的作业不会这么多。

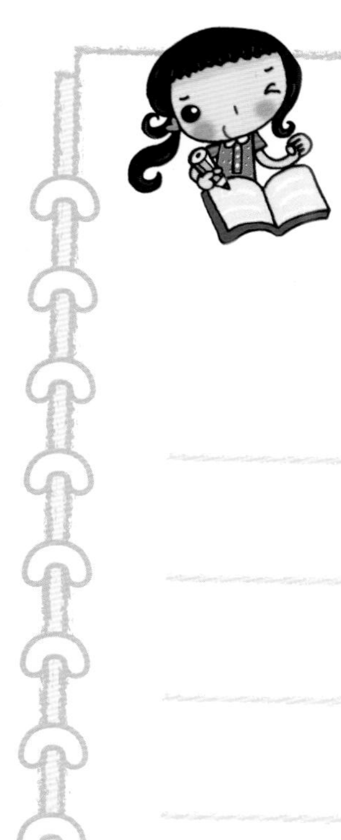

본문을 해석해 보세요.

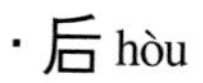

새로 나온 단어

· 后 hòu 名 (시간상)~이후에
· 做 zuò 动 (숙제를)하다
· 作业 zuòyè 名 숙제
· 晚 wǎn 形 (시간이)늦다
· 才 cái 副 겨우
· 会 huì 助动 ~일 것이다
· 这么 zhème 代 이렇게

1 作业太多，我们很晚才做完。

시간상 생각보다 늦게 결과가 이루어졌음을 뜻합니다. 반대의 의미로, 생각보다 빠르게 결과가 이루어졌을 때에는 就를 사용합니다.

· 今天早上我8点才起床。
오늘 나는 8시에 일어났다.
(원래는 더 일찍 일어나는데, 오늘은 8시에 겨우 일어났음을 뜻함)

· 今天早上我8点就起床了。
오늘 나는 8시에 일어났다.
(원래는 더 늦게 일어나는데, 오늘은 8시에 일찌감치 일어났음을 뜻함)

2 我希望明天的作业不会这么多。

会에는 여러 가지 용법이 있는데, 여기서는 어떤 일의 실현 가능성을 추측할 때 사용하는 조동사로 쓰였습니다.

· 明天的作业也会这么多。 내일 숙제도 이렇게 많을 것이다.

· 今天晚上他一定会来的。 오늘 저녁에 그는 반드시 올 것이다.

▶▶ 会의 부정형

부정에는 不会를 사용합니다.

· 明天的作业不会这么多。 내일 숙제는 이렇게 많지 않을 것이다.

· 今天晚上他不会来的。 오늘 저녁에 그는 올 리가 없다.(안 올 것이다)

연습문제

1 다음 단어를 한국어는 중국어로, 중국어는 한국어로 바꾸어 보세요.

① 才 → ________　⑤ 开始 → ________

② 이후에 → ________　⑥ 숙제를 끝내다 → ________

③ 这么 → ________　⑦ 晚 → ________

④ 숙제를 하다 → ________　⑧ 하교하다 → ________

2 본문을 중국어로 옮겨 보세요.

숙제

11월 12일 월요일 맑음

오늘 학교 마치고 친구가 우리 집에 놀러왔다.
우리는 같이 밥을 먹고 나서 숙제를 했다.
숙제가 너무 많아서 아주 늦게서야 겨우 다 했다.
내일은 숙제가 이렇게 많지 않았으면 좋겠다.

23 我的小白

11月22日 星期四 阴转晴

今天小姨给我买了一只小狗。

我给它取名叫小白。

它整天跟着我走来走去。

我的小白真可爱!

본문을 해석해 보세요.

새로 나온 단어

- 小姨 xiǎoyí 名 이모(엄마의 여동생)

※ 엄마의 언니는 大姨(dàyí)라고 부름

- 只 zhī 量 마리(작은 동물을 세는 양사)
- 小狗 xiǎogǒu 名 강아지
- 它 tā 代 그것
- 取名 qǔmíng 动 이름을 짓다
- 整天 zhěngtiān 名 하루 종일
- 跟 gēn 动 따라다니다
- 着 zhe 助 동작의 지속을 나타내는 조사
- 可爱 kěài 形 귀엽다

23

1 它整天跟着我走来走去。

동사나 형용사 뒤에 놓여서 동작의 지속과 상태의 지속을 나타내는 조사입니다.

▶▶ 동작의 지속

· 他一直想着这件事。그는 그 일을 계속 생각하고 있다.

· 妈妈的话，你一定要记着。엄마의 말을 넌 꼭 기억하고 있어야 한다.

▶▶ 상태의 지속

· 窗户还开着呢，去关好。창문이 아직 열려있잖니, 꼭 닫아라.

· 桌子上放着两本书。책상 위에 책 두 권이 놓여있다.

2 它整天跟着我走来走去。

'동사 + 来 + 동사 + 去' 의 형식으로 쓰여 동작이 계속 반복됨을 나타냅니다.

· 蝴蝶在花园里飞来飞去。나비가 꽃밭에서 이리저리 날아다닌다.

· 看来看去还是这件衣服漂亮。아무리 봐도 이 옷이 (저 옷보다)예쁘다.

연습문제

1 다음 단어를 한국어는 중국어로, 중국어는 한국어로 바꾸어 보세요.

① 只 → ____________ ⑤ 可爱 → ____________

② 강아지 → ____________ ⑥ 이름을 짓다 → ____________

③ 整天 → ____________ ⑦ 小姨 → ____________

④ 따라다니다 → ____________ ⑧ 왔다갔다하다 → ____________

2 본문을 중국어로 옮겨 보세요.

우리 흰둥이

11월 22일 목요일 흐린 뒤 맑음

오늘 이모가 강아지를 한 마리 사 주셨다.
나는 그 강아지에게 흰둥이라고 이름을 지어주었다.
흰둥이는 하루 종일 나를 이리저리 따라다녔다.
우리 흰둥이 정말 귀여워!

23

24 上学的路上

12月3日 星期一 晴

今天早上，我坐公共汽车去学校。

路上堵车，所以公共汽车开得非常慢。

我只好下车，跑到学校。

差点儿累死我了。

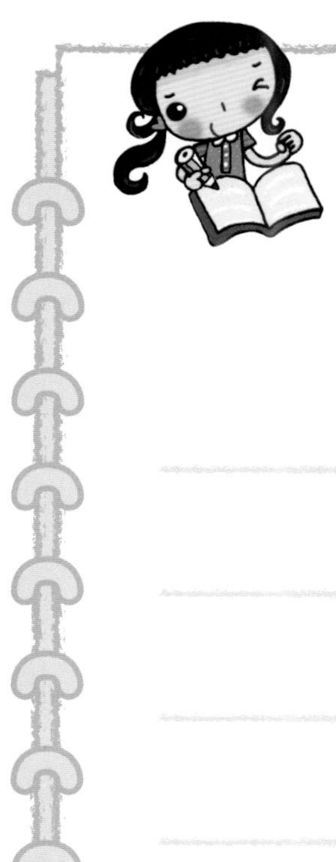

본문을 해석해 보세요.

새로 나온 단어

· 公共汽车 gōnggòngqìchē 名 버스
· 堵车 dǔchē 动 길이 막히다
· 开 kāi 动 (차를)운전하다
· 慢 màn 形 느리다
· 只好 zhǐhǎo 副 어쩔 수 없이
· 下 xià 动 (차에서)내리다
· 累 lèi 形 피곤하다

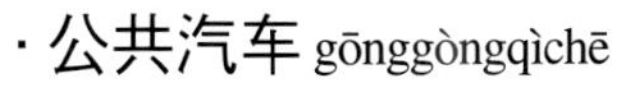

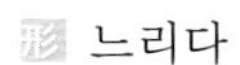

① 差点儿累死我了。

1) 실현을 원하지 않던 일이 실현될 뻔했지만 다행히 실현되지 않았다는 의미를 가집니다. 동사의 긍정형과 부정형이 같은 뜻을 가집니다.

· 我差点儿摔倒了。= 我差点儿没摔倒。

넘어질 뻔 했다.(넘어지지 않았음)

· 我差点儿迟到了。= 我差点儿没迟到。

지각할 뻔 했다.(지각하지 않았음)

2) 실현을 원하던 일인데 실현되지 못할 뻔 했지만 결국은 실현되었음을 나타냅니다. 동사는 부정형으로 써야합니다.

· 我差点儿没买到票。표를 못 살 뻔 했다.(표를 샀음)

· 我差点儿没说出来。말을 못 꺼낼 뻔 했다.(말을 했음)

3) 실현을 원하던 일인데 실현될 수 있었지만 결국은 실현되지 않았음을 나타냅니다. 동사는 긍정형으로 써야합니다.

· 我差点儿就买到票了。표를 살 수 있었는데…(표를 못 샀음)

· 我差点儿就说出来了。말을 할 수 있었는데…(말을 못했음)

② 差点儿累死我了。

형용사 뒤에서 '~해 죽겠다' 라는 과장된 의미의 보어로 쓰였습니다.

· 我饿死了。나 배고파 죽겠다.

· 气死我了。화가 나서 죽겠다.

연습문제

1 다음 단어를 한국어는 중국어로, 중국어는 한국어로 바꾸어 보세요.

① 慢 → ____________ ⑤ 开车 → ____________

② 어쩔 수 없이 → ____________ ⑥ 피곤하다 → ____________

③ 公共汽车 → ____________ ⑦ 下车 → ____________

④ 길이 막히다 → ____________ ⑧ 차를 타다 → ____________

2 본문을 중국어로 옮겨 보세요.

학교가는 길

12월 3일 월요일 맑음

오늘 아침에 학교에 가려고 버스를 탔다.
길이 막혀서 버스가 너무 느렸다.
나는 어쩔 수 없이 버스를 내려서 학교까지 뛰어갔다.
힘들어 죽을 뻔 했다.

25 忘性

12月12日 星期三 刮风

今天第二节课是科学课。

我忘了带科学课本。

好在课间休息的时候，

我跟别的班的同学借了一本，

这样才没有被老师批评。

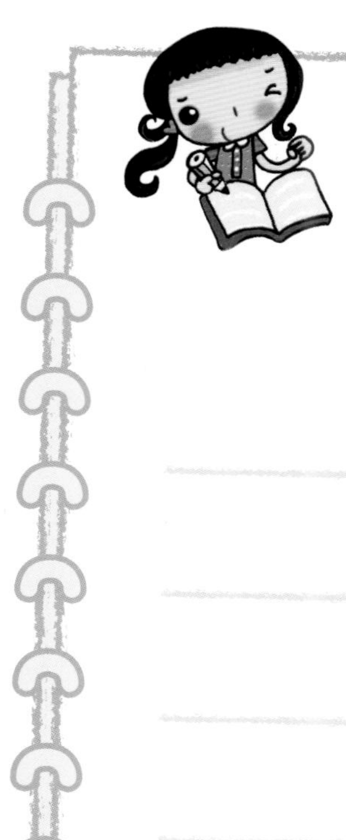

본문을 해석해 보세요.

새로 나온 단어

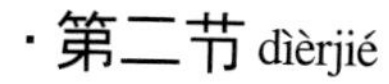

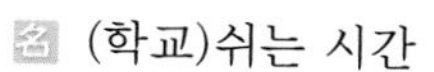

- 第二节 dìèrjié 名 2교시
- 科学 kēxué 名 과학
- 忘 wàng 动 잊다
- 带 dài 动 (몸에)지니다, 휴대하다
- 课本 kèběn 名 교과서
- 好在 hǎozài 副 다행히
- 课间休息 kèjiānxiūxi 名 (학교)쉬는 시간
- 借 jiè 动 빌리다
- 本 běn 量 권(책을 세는 양사)
- 这样 zhèyàng 代 이렇다, 이래서, 이러면
- 被 bèi 介 피동을 나타내는 개사
- 批评 pīpíng 动 혼나다

25

1 这样才没有被老师批评。

피동을 나타내는 개사입니다. 문장의 주어는 동작을 당하는 입장이 되고, 동작을 행하는 주체는 被의 뒤에 놓이며 군이 동작의 주체를 설명할 필요가 없을 때는 被와 동사를 직접 연결합니다.

- 孩子的气球被风刮跑了。아이의 풍선이 바람에 날려갔다.
- 烟味儿被消除了。담배 냄새가 다 사라졌다.

조동사, 부사, 부정사, 시간사 등은 被의 앞에 놓입니다.

- 这句话会被人误解。(조동사)
  이 말은 어쩌면 사람들에게 오해를 살 수도 있다.
- 我已经被妈妈批评了一顿。(부사)
  나는 이미 엄마에게 혼이 났다.
- 我没有被妈妈批评过。(부정사)
  나는 엄마에게 혼나본 적이 없다.
- 我在上个学期被同学们选为班长。(시간사)
  나는 지난 학기에 친구들에 의해 반장으로 뽑혔다.

연습문제

1 다음 단어를 한국어는 중국어로, 중국어는 한국어로 바꾸어 보세요.

① 科学 → ____________　　⑤ 课间休息 → ____________

② 잊다 → ____________　　⑥ 다행히 → ____________

③ 第一节 → ____________　　⑦ 带 → ____________

④ 빌리다 → ____________　　⑧ 책 한 권 → ____________

2 본문을 중국어로 옮겨 보세요.

건망증

12월 12일 수요일 바람

오늘 둘째 시간이 과학이었다.
나는 깜빡 잊고 과학책을 안 가지고 갔다.
다행히 쉬는 시간에 다른 반 친구에게 빌려서
선생님께 혼이 나지 않았다.

____

____

____

____

____

25

정답

본문의 문제를 풀고
나의 중국어 실력을
체크해 보세요~

정답

01 我爱我家

해석 p.9

나는 우리 가족이 좋아
2월 26일 월요일 맑음
우리 가족은 아빠, 엄마, 오빠, 언니, 나 이렇게 다섯 명이다.
나와 오빠는 매일같이 싸우지만,
나는 우리 가족을 정말 사랑한다.

연습문제 p.11

1.
❶ 모두
❷ 吵架
❸ 매일
❹ 但是
❺ 명(가족 수를 세는 양사)
❻ 爱
❼ ~와(과)
❽ 家人

2.
我爱我家
2月26日 星期一 晴
我家一共有五口人，有爸爸、妈妈、哥哥、姐姐和我。
我和哥哥天天吵架，
但是我真爱我的家人。

02 爷爷的生日

해석 p.13

할아버지 생신
3월 7일 수요일 흐림
오늘은 할아버지 생신이다.
우리 가족은 할아버지 댁으로 갔다.
삼촌과 큰아버지도 할아버지 댁에 계셨다.
우리는 함께 저녁 식사를 했다.

연습문제 p.15

1.
❶ ~이다
❷ 今天
❸ 함께
❹ 在
❺ 가다
❻ 也
❼ 먹다
❽ 爷爷

2.
爷爷的生日
3月7日 星期三 阴
今天是爷爷的生日。
我们一家人去爷爷家。
叔叔、伯伯也在爷爷家。
我们一起吃晚饭。

03 我的房间

해석 p.17

내 방

3월 19일 월요일 맑음

우리 집에는 방이 3개 있다.

부모님 방, 오빠 방, 나와 언니 방이다.

나는 지금까지 내 방이 없었다.

나도 내 방이 있었으면 좋겠다.

연습문제 p.19

1.

❶ 개(개수를 세는 양사)

❷ 房间

❸ 줄곧, 변함없이

❹ 没有

❺ 자기 자신

❻ 希望

❼ ~이 있다

❽ 的

2.

我的房间

3月19日 星期一 晴

我家有三个房间。

爸爸和妈妈一间，哥哥一间，我和姐姐一间。

我一直没有自己的房间。

我希望能有自己的房间。

04 演讲比赛

해석 p.21

말하기 대회

3월 29일 목요일 비

오늘 중국어 말하기 대회에 나갔다.

내 연설의 주제는 '우리 가족' 이었는데,

내가 1등을 했다.

아빠와 엄마가 아주 기뻐하셨다.

연습문제 p.23

1.

❶ 주제, 제목

❷ 参加

❸ 대회, 시합

❹ 得

❺ 아주, 매우

❻ 演讲

❼ 기쁘다

❽ 第一名

2.

演讲比赛

3月29日 星期四 下雨

今天我参加了汉语演讲比赛。

我演讲的题目是"我的家人"。

我得了第一名。

爸爸和妈妈非常高兴。

정답

05 花木兰

해석 p.25

뮬란
4월 10일 화요일 맑은 뒤 흐림
나는 독서를 좋아한다. 오늘은 《뮬란》이라는 책을 보았다. 아주 재미있는 이야기이다.
주인공 뮬란은 총명하고 용감한 아이이다. 뮬란은 아버지를 대신해서 전쟁에 나갔다.

연습문제 p.27

1.
❶ 대신하다
❷ 女孩儿
❸ 재미있다
❹ 勇敢
❺ 총명하다, 똑똑하다
❻ 主人公
❼ 전쟁하다
❽ 故事

2.
《花木兰》
4月10日 星期二 晴转阴
我喜欢看书。今天我看了《花木兰》。
那是一个很有意思的故事。
主人公木兰是一个既聪明又勇敢的女孩儿。
她替爸爸去打仗。

06 下雨

해석 p.29

비
4월 18일 수요일 비
오늘 비가 왔다.
나와 언니는 밖에 나가 놀 수가 없어서
둘 다 집에 있었다.
우리는 집에서 청소를 했다.

연습문제 p.31

1.
❶ 오늘
❷ 下雨
❸ 나가다
❹ 能
❺ 모두, 다
❻ 玩儿
❼ 집
❽ 打扫

2.
下雨
4月18日 星期三 下雨
今天下雨了。
我和姐姐不能出去玩儿,
我们都在家。
我们在家打扫房间。

07 检查身体

해석 p.33

신체검사
4월 28일 토요일 맑음
오늘 학교에서 신체검사를 했다.
내 키는 155센티미터이다.
나는 내 키가 조금만 더 컸으면 좋겠다.
내일부터 매일 우유를 마셔야 겠다.

연습문제 p.35

1.
❶ 조금
❷ 检查
❸ ~할 것이다
❹ 身高
❺ 우유
❻ 喝
❼ 신체, 몸
❽ 从~起

2.
检查身体
4月28日 星期六 晴
今天学校检查身体。
我的身高是一米五五。
我希望我的身高能再高一点儿。
从明天起，我要每天喝牛奶。

08 郊游

해석 p.37

소풍
5월 4일 금요일 맑음
오늘 학교에서 소풍을 갔다.
식사를 한 후 우리는 함께 놀았다.
친구들이 앞에서 춤을 췄다.
나도 춤을 배우고 싶다.

연습문제 p.39

1.
❶ 배우다
❷ 学校
❸ 춤을 추다
❹ 同学
❺ ~하고 싶다
❻ 郊游
❼ 모으다, 구성 · 조직하다
❽ 联欢

2.
郊游
5月4日 星期五 晴
今天学校组织我们去郊游。
吃完饭我们一起联欢。
同学们在前面跳舞。
我也想学跳舞。

정답

정답

09 比萨饼

해석 p.41

피자

5월 13일 일요일 맑음
오늘은 일요일이다.
저녁에 우리 가족은 외식을 하였다.
언니와 나는 피자를 먹고 싶었다.
그래서 우리는 피자헛에 가서 피자를 먹었다.

연습문제 p.43

1.
❶ 그래서
❷ 星期天
❸ 피자헛
❹ 晚上
❺ 밖
❻ 比萨饼

2.
比萨饼
5月13日 星期天 晴
今天星期天。
晚上我们一家人去外面吃饭。
姐姐和我想吃比萨饼。
所以我们去必胜客吃了比萨饼。

10 朋友家

해석 p.45

친구집

5월 19일 토요일 바람
내 친구가 이사를 했다.
오늘 친구집에 놀러갔다.
친구집은 우리 집보다 크고,
친구방은 2층에 있는데 아주 예쁘다.

연습문제 p.47

1.
❶ 놀다
❷ 搬家
❸ 층
❹ 比
❺ 크다
❻ 漂亮

2.
朋友家
5月19日 星期六 刮风
我的朋友搬家了。
今天我去朋友家玩儿。
朋友家比我家大,
她的房间在二楼，很漂亮。

11 我们的学校

해석 p.49

우리 학교

5월 29일 화요일 흐린 뒤 맑음
오늘은 우리 학교 개교기념일이다.
우리 학교는 비록 작지만,
오랜 역사를 가지고 있다.
나는 우리 학교가 좋다.

연습문제 p.51

1.
❶ ~이다
❷ 建校日
❸ 작다
❹ 虽然~, 但是~
❺ 유구하다
❻ 历史
❼ 좋아하다
❽ 的

2.
我们的学校

5月29日 星期二 阴转晴
今天是我们学校的建校日。
我们学校虽然很小,
但是历史悠久。
我喜欢我们的学校。

12 迟到

해석 p.53

지각

6월 11일 월요일 맑음
오늘 아침에 엄마가 깨워주지 않았다.
그래서 늦게 일어났다.
나는 아침도 못 먹고 학교에 뛰어갔다.
하지만 그래도 지각을 하였다.

연습문제 p.55

1.
❶ 아침
❷ 叫
❸ (잠에서)일어나다
❹ 跑
❺ 지각하다
❻ 还是
❼ 늦게 일어나다
❽ 早饭

2.
迟到

6月11日 星期一 晴
今天早上妈妈没叫我起床,
所以我起来晚了。
我没吃早饭就跑到学校去了。
可是我还是迟到了。

정답

13 数学考试

해석 p.57

수학 시험

6월 16일 토요일 흐린 뒤 비
오늘 수학 시험을 보았다.
어젯밤에 시험 준비 때문에 밤을 새웠다.
하지만 시험이 너무 어려웠다.
다음에는 꼭 시험을 잘 쳐야지.

연습문제 p.59

1.
❶ 밤을 새다
❷ 数学
❸ 다음 번
❹ 为了
❺ 시험을 보다
❻ 准备
❼ 꼭, 반드시
❽ 难

2.
数学考试
6月16日 星期六 阴转雨
今天考数学了。
昨天晚上，我为了准备考试熬夜。
可是考试题太难了。
下次我一定要好好儿考。

14 我的奶奶

해석 p.61

우리 할머니

6월 25일 월요일 맑음
여름방학이다.
언니와 나는 할머니 댁에 놀러가기로 했다.
그래서 우리는 내일 기차를 타고 춘천에 갈 것이다.
오랫동안 할머니를 못 뵈어서 아주 기대된다.

연습문제 p.63

1.
❶ 이르다, 도착하다
❷ 暑假
❸ 그래서
❹ 决定
❺ 기차
❻ 坐
❼ 기대하다
❽ 玩儿

2.
我的奶奶
6月25日 星期一 晴
暑假到了。
姐姐和我决定一起去奶奶家玩儿。
所以明天我们要坐火车去春川。
好久没见到奶奶了，我很期待。

15 钢琴

해석 p.65

피아노

7월 5일 목요일 맑음
나는 피아노를 잘 친다.
다음 주에 피아노 대회에 나간다.
그래서 매일 열심히 연습한다.
내가 일등을 했으면 좋겠다.

연습문제 p.67

1.
❶ 다음 주
❷ 参加
❸ 바라다
❹ 弹钢琴
❺ 1등
❻ 练习
❼ 대회, 시합
❽ 努力

2.
钢琴
7月5日 星期四 晴
我钢琴弹得很好。
下周我要参加钢琴比赛,
所以我天天努力练习。
我希望能得第一名。

16 我的爸爸

해석 p.69

우리 아빠

7월 18일 수요일 맑음
우리 아빠는 은행에서 일하신다.
아빠는 아주 바쁘셔서 매일 일찍 나가서 늦게 들어오신다.
오늘 아빠가 일하시는 은행에 갔다.
아빠가 맛있는 과자를 사 주셨다.

연습문제 p.71

1.
❶ 일찍 나가고 늦게 귀가하다
❷ 银行
❸ 바쁘다
❹ 工作
❺ ~에서
❻ 好吃
❼ ~에게
❽ 饼干

2.
我的爸爸
7月18日 星期三 晴
我爸爸在银行工作。
他每天早出晚归, 非常忙。
今天我去了爸爸工作的银行。
爸爸给我买了好吃的饼干。

정답

17 我叫红花

해석 p.73

내 이름은 홍화

7월 31일 화요일 바람

오늘 길에서 친구와 친구 엄마를 만났다.

친구의 엄마가 내 이름이 뭔지 물어보셨다.

나는 홍화라고 대답했다.

나는 내 이름이 정말 싫다.

연습문제 p.75

1.

❶ 이름

❷ 碰到

❸ 알리다

❹ 在路上

❺ 묻다

❻ 叫

❼ 무슨, 무엇

❽ 不喜欢

2.

我叫红花

7月31日 星期二 刮风

今天我在路上碰到了朋友和她的妈妈。

朋友的妈妈问我叫什么名字。

我告诉她我叫红花。

我不喜欢我的名字。

18 开学

해석 p.77

개학

8월 23일 목요일 흐린 뒤 비

곧 개학이다.

오늘 친구랑 문구점에 갔다.

우리는 공책과 연필을 샀다.

빨리 개학을 했으면 좋겠다.

연습문제 p.79

1.

❶ 개학하다

❷ 铅笔

❸ 문구점

❹ 快要～了

❺ 빨리

❻ 买

❼ ～했으면 좋겠다, 바라다

❽ 本子

2.

开学

8月23日 星期四 阴转雨

快要开学了。

今天我和朋友一起去了文具店。

我们买了本子和铅笔。

我希望早点儿开学。

19 生日晚会

해석 p.81

생일

9월 5일 수요일 구름

오늘은 내 생일이다.

엄마가 생일파티를 열어주셨다.

친구들이 나에게 선물을 많이 주었다.

나는 선물이 아주 마음에 들었다.

연습문제 p.83

1.

❶ 주다

❷ 开生日晚会

❸ 선물

❹ 给

❺ 생일

❻ 非常

2.

生日晚会

9月5日 星期三 多云

今天是我的生日。

妈妈为我开了生日晚会。

朋友们送给我很多礼物。

我非常喜欢他们的礼物。

20 数学

해석 p.85

수학

9월 25일 화요일 흐린 뒤 맑음

나는 매일 학교가 끝나면 학원에 간다.

수학을 잘 못하기 때문에

학원에서 수학을 배운다.

어떻게 해야 수학을 잘할 수 있을까?

연습문제 p.87

1.

❶ ~이기 때문에

❷ 放学

❸ ~하자마자~하다

❹ 补习班

❺ ~할 수 있다

❻ 才

❼ 수학

❽ 怎样

2.

数学

9月25日 星期二 阴转晴

每天一放学我就去补习班上课。

因为我的数学不好，

所以我在补习班学习数学。

怎样才能学好数学呢？

정답

21 饿死鬼

해석 p.89

먹보

10월 31일 수요일 맑음
나는 먹는 것을 좋아할 뿐 아니라, 많이 먹는다.
우리 학교는 12시가 점심시간이다.
하지만 나는 11시만 되면 배가 고프다.
뚱뚱해질까 봐 걱정이 된다.

연습문제 p.91

1.
❶ ~일 뿐만 아니라 ~도
❷ 中午
❸ 하지만, 그러나
❹ 午餐
❺ 배고프다
❻ 担心
❼ 변하다
❽ 胖

2.
饿死鬼

10月31日 星期三 晴
我不但喜欢吃东西，而且吃得很多。
我们学校每天中午12点开始午餐。
不过我每天一到11点肚子就饿。
我很担心会变胖。

22 作业

해석 p.93

숙제

11월 12일 월요일 맑음
오늘 학교 마치고 친구가 우리 집에 놀러왔다.
우리는 같이 밥을 먹고 나서 숙제를 했다.
숙제가 너무 많아서 아주 늦게서야 겨우 다 했다.
내일은 숙제가 이렇게 많지 않았으면 좋겠다.

연습문제 p.95

1.
❶ 겨우
❷ 后
❸ 이렇게
❹ 做作业
❺ 시작하다
❻ 做完作业
❼ (시간이)늦다
❽ 放学

2.
作业

11月12日 星期一 晴
今天放学后，我朋友来我家玩儿。
我们一起吃完饭，开始做作业。
作业太多，我们很晚才做完。
我希望明天的作业不会这么多。

23 我的小白

해석 p.97

우리 흰둥이

11월 22일 목요일 흐린 뒤 맑음
오늘 이모가 강아지를 한 마리 사 주셨다.
나는 그 강아지에게 흰둥이라고 이름을 지어주었다.
흰둥이는 하루 종일 나를 이리저리 따라다녔다.
우리 흰둥이 정말 귀여워!

연습문제 p.99

1.
❶ 마리(작은 동물을 세는 양사)
❷ 小狗
❸ 하루 종일
❹ 跟
❺ 귀엽다
❻ 取名
❼ 이모
❽ 走来走去

2.
我的小白
11月22日 星期四 阴转晴
今天小姨给我买了一只小狗。
我给它取名叫小白。
它整天跟着我走来走去。
我的小白真可爱!

24 上学的路上

해석 p.101

학교가는 길

12월 3일 월요일 맑음
오늘 아침에 학교에 가려고 버스를 탔다.
길이 막혀서 버스가 너무 느렸다.
나는 어쩔 수 없이 버스를 내려서 학교까지 뛰어 갔다.
힘들어 죽을 뻔 했다.

연습문제 p.103

1.
❶ 느리다
❷ 只好
❸ 버스
❹ 堵车
❺ 차를 운전하다
❻ 累
❼ 차에서 내리다
❽ 坐车

2.
上学的路上
12月3日 星期一 晴
今天早上，我坐公共汽车去学校。
路上堵车，所以公共汽车开得非常慢。
我只好下车，跑到学校。
差点儿累死我了。

정답

25 忘性

해석 p.105

건망증

12월 12일 수요일 바람
오늘 둘째 시간이 과학이었다.
나는 깜빡 잊고 과학책을 안 가지고 갔다.
다행히 쉬는 시간에 다른 반 친구에게 빌려서
선생님께 혼이 나지 않았다.

연습문제 p.107

1.
❶ 과학
❷ 忘
❸ 1교시
❹ 借
❺ (학교)쉬는 시간
❻ 好在
❼ (몸에)지니다, 휴대하다
❽ 一本书

2.
忘性
12月12日 星期三 刮风
今天第二节课是科学课。
我忘了带科学课本。
好在课间休息的时候，
我跟别的班的同学借了一本，
这样才没有被老师批评。

저자

이영미

숙명여자대학교 중어중문학과 졸업
한국외국어대학교 통역번역대학원 졸업
现 전문번역사
现 한국관광대 관광중국어과 겸임교수
现 청강문화산업대, 동아방송대학, 한양대학교 사회교육원 등 출강

장기(张琦)

중국 길림대학(吉林大学) 한국어과 졸업
한국외국어대학교 통역번역대학원 한중과 졸업
한국외국어대학교 일반대학원 중어중문학과 박사 수료
现 경희대학교 중국어과 조교수

1판 4쇄 2018년 4월 30일

저자 이영미, 장기(张琦)
발행인 이기선
발행처 제이플러스
서울시 마포구 월드컵로 31길 62
전화 영업부 02-332-8320 편집부 070-4734-6248
팩스 02-332-8321
홈페이지 www.jplus114.com
등록번호 제10-1680호
등록일자 1998년 12월 9일
ISBN 978-89-94632-47-6
978-89-94632-37-7(세트)

값 12,000원

※ 파본은 구입하신 서점에서 바꾸어 드립니다.
※ 책에 대한 의견, 출판되었으면 하는 책이 있으시면
홈페이지 www.jplus114.com으로 글을 올려 주세요.

날적이

★ 날적이는 일기의 순 우리말입니다.

날적이

날적이

날적이

낱적이